RÉPUBLIQUE FRANÇAISE

MINISTÈRE DE LA GUERRE

CAHIER DES CHARGES COMMUNES DU 11 AOUT 1922

RELATIF A LA

FOURNITURE AU SERVICE DE L'ARTILLERIE

DES ÉLÉMENTS DE BOUCHES A FEU

(ACIERS A CANONS)

PARIS

CHARLES-LAVAUZELLE & Cie

Éditeurs militaires

124, Boulevard Saint-Germain, 124

(MÊME MAISON A LIMOGES)

MINISTÈRE DE LA GUERRE.

Direction de l'Artillerie; Services généraux (7ᵉ Section).

Cahier des charges communes relatif à la fourniture, au service de l'artillerie, des éléments de bouches à feu (aciers à canons).

Document abrogé : *Cahier des charges communes du 10 mai 1911 relatif à la fourniture au service de l'artillerie des éléments de bouches à feu (aciers à canon).*

Document applicable *aux troupes métropolitaines exclusivement.*

Paris, le 11 août 1922.

ARTICLE 1ᵉʳ. — **Conditions de fabrication.**

Les éléments de canons sont livrés conformes au tracé défini par les cahiers des charges spéciales.

Ces éléments sont en acier fondu; ils sont forgés, dégrossis, recuits, trempés à l'eau ou à l'huile, puis revenus.

Les traitements thermiques mentionnés ci-dessus (trempé à l'eau ou à l'huile et revenu) pourront être remplacés, si les caractères particuliers du métal employé l'exigent (aciers spéciaux), par tout autre traitement thermique convenant à la nature du métal et lui permettant de satisfaire aux conditions et aux essais après trempe définis à l'article 5.

Toutefois, l'emploi des traitements thermiques spéciaux devra être autorisé, au préalable, par le contrôle du service des forges. Les essais avant trempe seront effectués avant l'exécution du traitement thermique et les essais après trempe et revenu, prévus à l'article 5, seront exécutés après l'exécution du traitement thermique.

Le dégrossissage peut précéder ou suivre le recuit après forgeage.

Le lingot destiné à fournir les éléments de canons est coulé en acier provenant d'un mode quelconque de fabrication.

Il peut être pris un ou plusieurs éléments par lingot. Les lingots sont étirés par forgeage au marteau-pilon ou à la presse.

On peut employer comme modes de forgeage : le forgeage plein, le forgeage sur mandrin et le bigornage.

On doit obtenir à la suite du forgeage un coefficient de corroyage dont la valeur est fixée par les cahiers des charges communes.

Le coefficient de corroyage est déterminé ainsi qu'il suit :

Forgeage plein. — Le coefficient de corroyage est donné par le rapport $\dfrac{S}{S'}$, dans lequel S représente la section droite moyenne du lingot brut et S' la section moyenne de l'ébauche pleine de forge.

Forgeage sur mandrin. — Dans ce cas, le coefficient de corroyage est défini par le rapport $\dfrac{L'}{L}$, dans lequel L représente la longueur de l'ébauche de forge après chute de pied et de tête et après forage, L' la longueur de l'élément après forgeage sur mandrin.

Bigornage. — Le coefficient de corroyage correspondant au bigornage est donné par le rapport $\dfrac{D'}{D}$, dans lequel D est le diamètre de la surface cylindrique médiane de l'ébauche avant bigornage et D' le diamètre de la surface cylindrique médiane de l'élément après bigornage.

Il ne sera pas tenu compte de l'étirage qui peut se produire suivant l'axe pendant cette opération.

Le *coefficient de corroyage total* est donné par le produit :

$$\frac{S}{S'} \times \frac{L'}{L} \times \frac{D'}{D}$$

dans lequel chaque terme se réduit à l'unité lorsque l'opération à laquelle il correspond n'a pas été faite.

Les chutes à pratiquer sont au minimum de 4 p. 100 au pied et de 28 p. 100 à la tête du lingot.

Par dérogation aux prescriptions ci-dessus, la chute de tête du lingot pourra être réduite à 6 p. 100 du poids total dans le cas de l'emploi de l'acier comprimé par tréfilage, la chute du pied étant maintenue à 4 p. 100.

Toutefois, une chute à la tête du lingot supérieure à 6 p. 100 pourra être imposée par les agents du service des forges s'il est constaté qu'une chute de 6 p. 100 ne suffit pas pour éliminer complètement la partie malsaine du lingot.

Pour retrancher le métal en excès, on coupe le lingot à chaud ou à froid jusqu'à ce qu'on soit arrivé à des sections ayant au minimum 50 millimètres de côté (découpage à chaud) ou 50 millimètres de diamètre (découpage à froid).

On achève en rompant à froid au marteau, afin de pouvoir examiner le grain de la section de rupture.

Les cassures doivent présenter un grain homogène; elles doivent être exemptes de soufflures et de criques.

Après découpage, les blocs sont forgés, dégrossis, s'il y a lieu et recuits, puis soumis éventuellement aux essais avant trempe définis à l'article 4 ci-après.

Les éléments de canons sont ensuite forés et amenés à la machine-outil aux cotes du dessin, puis trempés et revenus.

En aucun cas, le recuit ou le revenu ne peut être partiel; il est toujours total.

Les éléments de canons sont ensuite soumis aux essais après trempe définis à l'article 5 ci-après.

Les tolérances de fabrication sont indiquées par les cahiers des charges spéciales, ainsi que le maximum admis pour le faux-rond.

On entend par faux-rond la flèche que peut présenter la ligne des centres des sections droites des éléments.

Les éléments voilés à la trempe peuvent être redressés à chaud.

Toutefois, la température à laquelle les éléments seront portés devra être notablement inférieure à celle du dernier traitement.

Le redressement devra d'ailleurs être exécuté et terminé à une température supérieure à 400° ou à une température comprise entre 80° et 150° et suivi, dans le cas, d'un revenu total entre 400° et 450°.

Cette opération devra être conduite de telle sorte que l'élément soit chauffé dans toute sa longueur et de manière à ne pas localiser la déformation sur une trop faible étendue de l'élément.

Elle sera exécutée avant le détachement des rondelles d'essai après trempe.

ARTICLE 2. — Surveillance de la fabrication et réception.

Des officiers et employés du service des forges sont chargés de suivre la fabrication dans tous ses détails, depuis la coulée du métal jusqu'à la livraison.

Ils peuvent assister à toutes les opérations et à tous les essais.

Ils doivent, à cet égard, recevoir toutes facilités de la part du fournisseur et il est mis à leur disposition un local où ils puissent travailler et ranger leurs instruments vérificateurs.

La réception des éléments aux divers degrés d'avancement, d'après le résultat des essais effectués à l'usine par les agents du service des forges, est prononcée par lesdits agents.

Après avoir satisfait aux épreuves, les éléments sont expédiés à l'établissement destinataire pour y être usinés.

Ils peuvent être rebutés si l'usinage, d'abord, et les épreuves de tir, ensuite, révèlent la présence de défauts (pailles, soufflures, taches de quartz, etc...) susceptibles de nuire à la résistance du métal.

L'appréciation de ces défauts est entièrement laissée à la commission de réception de l'établissement destinataire.

Cette commission prononce également la réception définitive, s'il y a lieu.

ARTICLE 3. — Nature des essais.

Les éléments de canons sont soumis à des essais ayant pour but de vérifier les propriétés mécaniques du métal.

Ces essais sont les suivants, sauf modifications et additions indiquées dans les cahiers des charges communes.

1° Des essais de traction avant trempe exécutés dans les usines du fournisseur, en présence des officiers du service des forges;

2° Des essais de traction et des essais de ployage ou de choc après trempe.

Ces essais sont exécutés sur des barreaux ou lamettes découpés dans des rondelles détachées, suivant le cas (1), à chacune des extrémités de l'élément ou à une seule extrémité. La longueur de l'élément doit être majorée en conséquence d'une quantité laissée à l'appréciation du fournisseur.

Les cahiers des charges spéciales indiquent l'épaisseur des rondelles, le nombre, les dimensions et la disposition des éprouvettes à prélever.

Une surépaisseur suffisante est, au besoin, ménagée à l'extrémité de l'élément, pour permettre d'y découper des rondelles du diamètre fixé.

---

(1) Les cahiers des charges communes spécifient les conditions dans lesquelles doivent être prélevées ces rondelles.

ARTICLE 4. — **Essais avant trempe.**

Les essais avant trempe ne sont pas toujours obligatoires.

Pour les éléments de canons autres que les tubes, ils ne sont exécutés que si le fournisseur le juge à propos.

Mais tous les essais avant trempe devront faire l'objet d'un avis au service des forges qui s'y fera représenter.

ARTICLE 5. — **Essais de traction et essais de ployage ou de choc après trempe.**

§ 1er. — EXÉCUTION DES ESSAIS.

Avant de détacher les rondelles destinées aux essais effectués après trempe, en présence des officiers du service des forges, le fournisseur pourra procéder à tous les essais qu'il jugera nécessaires, en vue de déterminer le traitement thermique à faire subir au métal pour réaliser les conditions d'essai définies par le cahier des charges spéciales.

Avant de découper les rondelles, il sera tenu de faire subir une chute d'au moins 30 millimètres, saignée comprise, après tout traitement comportant une trempe.

Cette chute pourra naturellement être utilisée par le fournisseur pour ses propres essais après trempe et pour ses propres essais après remaniement comportant une trempe.

Les cahiers des charges spéciales indiquent s'il est procédé à des essais de ployage ou à des essais de choc.

Essais de ployage.

Les essais de ployage sont exécutés à l'aide d'un appareil dit mouton du type Ruelle, dont les éléments principaux sont les suivants :

Poids du mouton.	10 kgr.
Poids de l'enclume.	265 kgr.
Hauteur de chute constante.	$0^m,50$

Pour l'essai, la lamette à ployer est prise dans un étau sur le tiers de la longueur et le choc doit s'exercer à chaque coup normalement à la lamette essayée et à son extrémité.

Essais de choc.

Les essais de choc sont exécutés, quand il y a lieu, sur des barreaux carrés de 20^{mm} ou 30^{mm} de côté, suivant ce que le cahier des charges spécifie.

L'épreuve est effectuée en laissant tomber un mouton du poids de 18 kilogrammes sur le milieu du barreau carré posé librement sur deux couteaux, la face correspondant à l'intérieur de l'élément en dessus.

La saillie des couteaux est de 80^{mm} et leur profil est semblable au croquis annexé au présent cahier des charges.

Le poids de l'enclume est de 350 kilogrammes.

Le mouton est en acier trempé; sa surface de frappe est conforme à l'une des deux figures annexées au présent cahier des charges, suivant que l'essai est exécuté sur les barreaux de 20^{mm} ou de 30^{mm} de côté.

Pour les essais sur barreaux de 20, la distance entre les couteaux est de 100^{mm} et la hauteur de chute constante de 1 mètre; pour les essais sur barreaux de 30, la distance entre les couteaux est de 160^{mm} et la hauteur de chute constante de 2^m,75.

Les rondelles successives destinées à fournir les éprouvettes d'essai après trempe reçoivent, le cas échéant, les dénominations suivantes :

Rondelles T n° 1, T n° 2, T n° 3...., en partant de l'extrémité arrière de l'élément pour celles détachées vers l'arrière de l'élément;

Rondelles TH n° 1, TH n° 2, TH n° 3..., en partant de l'extrémité avant de l'élément pour celles détachées vers l'avant de l'élément.

Les cahiers des charges spéciales indiquent les résultats que doivent donner les divers essais, savoir :

1° Essais de traction.

Résultats moyens minima, pour l'ensemble des barreaux d'une même rondelle et résultats individuels minima, pour chaque barreau, de la limite élastique et de la résistance à la rupture par millimètre carré de section et de l'allongement pour 100 de la longueur entre repères.

Pour les éléments autres que les tubes, la striction est mesurée à titre de renseignement et mentionnée sur la feuille d'essais.

(On entend par striction la différence entre le diamètre initial et le diamètre du fuseau de rupture de chaque barreau.)

2° Essais de ployage.

Nombre minimum de coups de mouton avant rupture.

Pour les éléments autres que les tubes, l'angle de ployage à la rupture est mesuré à titre de renseignement et mentionné sur la feuille d'essais.

3° Essais de choc.

Nombre minimum de coups de mouton avant rupture.

L'angle de ployage à la rupture est mesuré à titre de renseignement et mentionné sur la feuille d'essais.

Les minima indiqués par les cahiers des charges spéciales sont des nombres au-dessous desquels les résultats des essais, même en tenant compte des erreurs dont ils sont susceptibles d'être entachés, ne doivent pas descendre.

L'indication des maxima est faite d'une manière analogue.

§ 2. — Interprétation des essais.

L'élément est reçu après trempe si toutes les éprouvettes ont satisfait aux conditions prescrites à titre individuel et si, en outre, la moyenne des résultats fournis par les barreaux de traction provenant d'une même rondelle se trouve dans les limites imposées.

Si une rondelle n° 1, ou toutes les deux ne satisfont pas, soit aux essais de traction, soit aux essais de ployage ou de choc, le fournisseur peut détacher, suivant le cas et sans que l'état de l'élément soit en rien modifié, soit une rondelle T n° 2, soit une rondelle TH n° 2, soit un jeu de rondelles T n° 2 et TH n° 2, avec lesquelles les essais sont recommencés dans les mêmes conditions qu'avec les rondelles T n° 1 et TH n° 1.

A la suite de ce deuxième essai, l'élément est reçu après trempe si, pour les rondelles T d'une part et pour les rondelles TH d'autre part, la moyenne des résultats obtenus avec tous les barreaux de traction satisfait aux conditions imposées et si le nombre des lamettes de ployage ou des barreaux de choc ayant satisfait aux épreuves est, pour les rondelles provenant d'une même extrémité de l'élément, supérieur à la moitié du nombre des éprouvettes essayées.

Si ce résultat n'est pas obtenu, le fournisseur peut présenter à nouveau, suivant le cas, et sans que l'état de l'élément soit en rien modifié, soit une rondelle T n° 3, soit une rondelle TH n° 3, soit un jeu de rondelles T n° 3 et TH n° 3.

L'élément est reçu, à la suite de ce troisième essai, dans les conditions spécifiées ci-dessus pour le deuxième essai.

S'il ne satisfait pas à ces conditions, il est définitivement rebuté.

On ne tient pas compte des éprouvettes présentant des défauts locaux, pourvu que leur nombre soit inférieur à la moitié du nombre total des éprouvettes essayées.

Toutefois, l'appréciation de la nature et de la gravité des défauts locaux est entièrement laissée au contrôle du service des forges.

§ 3. — REMANIEMENT DES ÉLÉMENTS.

Le fournisseur n'aura droit, après trempe, qu'aux trois essais spécifiés pour les jeux de rondelles n⁰ˢ 1, 2 et 3.

Toutefois, lorsque les résultats d'essai des rondelles T n° 1 et TH n° 1 sont légèrement en dehors des limites imposées et que l'examen de la cassure des diverses éprouvettes indique que le métal est sain et homogène, le contrôle du service des forges peut autoriser le fournisseur à procéder, soit à un nouveau recuit de l'élément, soit à une nouvelle trempe suivie d'un revenu, l'un ou l'autre de ces traitements étant laissé au choix du fournisseur.

L'élément est ensuite présenté de nouveau en recette.

Tous les essais antérieurs sont annulés, mais il faut, après avoir fait tomber une rondelle de chaque bout, qu'on puisse détacher ensuite un jeu de rondelles T n° 2 et TH n° 2, qui seront essayées dans les conditions indiquées au paragraphe 2 du présent article pour les rondelles T n° 1 et TH n° 1.

En cas d'insuffisance de ces essais, on peut encore détacher, suivant le cas, soit une rondelle T n° 3, soit une rondelle TH n° 3, soit un jeu de rondelles T n° 3 et TH n° 3.

Les essais exécutés à l'aide de ces rondelles sont alors interprétés comme il est dit au paragraphe 2 du présent article pour les essais exécutés à l'aide des rondelles T n° 2 et TH n° 2.

ARTICLE 6. — **Délai de remplacement des éléments.**

Les délais supplémentaires pour contre-essais et remaniements, ainsi que les délais accordés pour le remplacement d'un élément rebuté, seront calculés d'après les bases indiquées dans le tableau suivant :

POIDS DE L'ÉLÉMENT (DIMENSIONS - DE LIVRAISON).	DÉLAI SUPPLÉMENTAIRE ACCORDÉ POUR LA PRÉSENTATION aux essais en cas de		DÉLAI ACCORDÉ POUR LA PRÉSENTATION aux essais après trempe en cas de remplacement d'un élément rebuté.
	contre-essai.	remaniement.	
Inférieur à 1 tonne.....	8 jours.	15 jours.	2 mois.
De 1 à 5 tonnes........	8 jours.	15 jours.	2 mois 1/2.
De 5 à 10 tonnes.......	8 jours.	15 jours.	3 mois 1/2.
De 10 à 20 tonnes......;	8 jours.	20 jours.	4 mois 1/2.
Supérieur à 20 tonnes..	8 jours.	25 jours.	6 mois.

Les délais de représentation des éléments ajournés soit pour contre-essai, soit pour remaniement, sont comptés à dater de la notification de l'ajournement.

Le délai de remplacement des éléments rebutés à la suite des essais après trempe est compté à dater de la notification du rebut.

ARTICLE 7. — **Payement des éléments.**

Les éléments admis en recette, tels qu'ils doivent être livrés, sont seuls payés aux prix fixés par le marché.

Les rondelles employées aux essais ne sont pas comprises dans la fourniture.

Les éléments rebutés restent la propriété du fournisseur; ils lui sont retournés à ses frais.

Toutefois, les éléments rebutés au cours de l'usinage pourront être conservés par l'Etat qui les payera alors au fournisseur à un prix, au kilogramme, qui sera fixé par le cahier des charges spéciales.

Appareils pour les essais au choc des tubes et manchons.

Profil des couteaux.

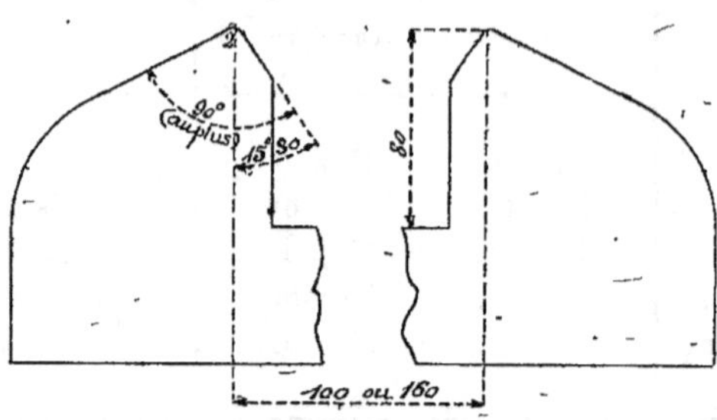

Appareils pour les essais au choc des tubes et manchons.

Profil des manchons.

Fig. 1 _ Mouton pour les barreaux carrés de 20 mm.

Profil suivant un plan perpendiculaire à l'axe du barreau

Profil suivant un plan parallèle à l'axe du barreau

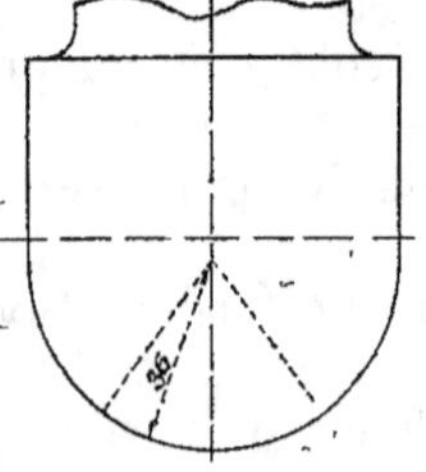

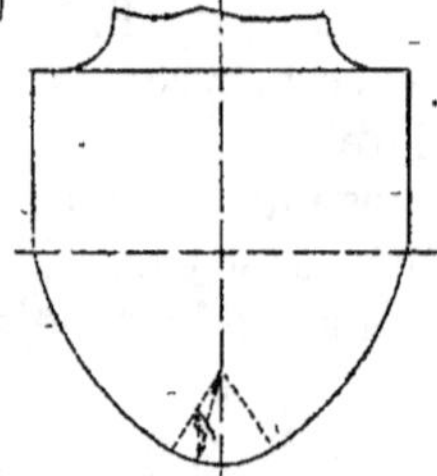

Fig. 2 _ Mouton pour les barreaux carrés de 30 mm

Profil suivant un plan perpendiculaire à l'axe du barreau

Profil suivant un plan parallèle à l'axe du barreau

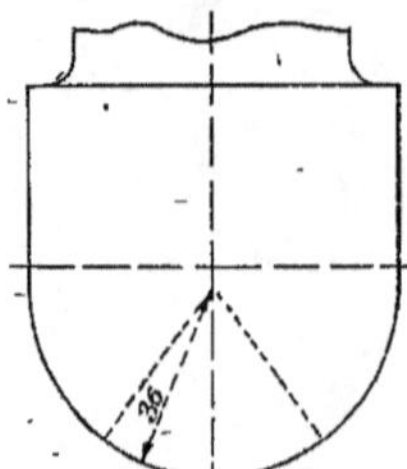

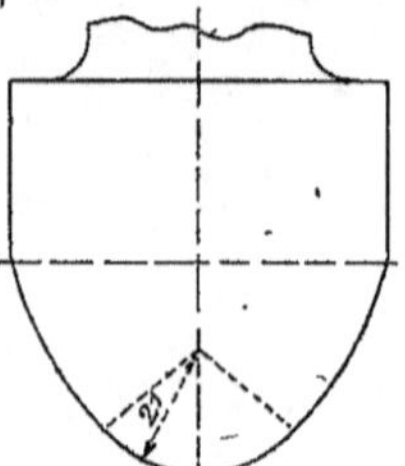

*Annexe n° 1 du 15 août 1922 relative à la fourniture, au service
de l'artillerie, de tubes ébauchés pour bouches à feu de divers
calibres.*

Les tubes ébauchés seront fournis conformément aux conditions du cahier des charges communes du 11 août 1922, relatif
à la fourniture, au service de l'artillerie, des éléments de bouches à feu (aciers à canons), sauf les additions ou modifications
suivantes :

ARTICLE 1er. — Conditions de fabrication.

La section droite moyenne de la partie utilisée du lingot
coulé est au minimum trois fois plus grande que la section du
bloc brut de forge avant tournage.

ARTICLE 2. — Surveillance de la fabrication et réception.

La réception des tubes à divers degrés d'avancement, *d'après
le résultat des essais effectués à l'établissement destinataire,*
est prononcée par une commission de réception fonctionnant à
cet établissement.

ARTICLE 3. — Nature des essais.

Les tubes sont soumis à trois séries d'essais ayant pour but
de vérifier les propriétés mécaniques du métal, savoir :

1° Des essais de traction avant trempe exécutés dans les usines du fournisseur, en présence des officiers du service des
forges;

2° Des essais de traction et des essais de ployage ou de choc
après trempe, exécutés dans les usines du fournisseur, en présence des officiers du service des forges, et consignés à titre
de renseignements;

3° Des essais identiques, exécutés par les soins de l'établissement destinataire, avant l'expédition des éléments.

Les rondelles destinées aux essais à effectuer à l'établissement
destinataire sont poinçonnées par les agents réceptionnaires
avant d'être détachées.

Les éprouvettes sont découpées dans ces rondelles par les soins de l'établissement destinataire.

Lorsque les cahiers des charges spéciales le spécifient, les essais de traction avant trempe, dont il est question au paragraphe 1° ci-dessus, peuvent être répétés par les soins de l'établissement destinataire.

Il est, en outre, procédé, s'il y a lieu, au cours de l'usinage, à des épreuves locales à la poudre dans les conditions fixées à l'article 6 ci-après :

Enfin, avant leur réception définitive, les tubes sont soumis à deux épreuves de tir (tir de fabrication et tir d'épreuve) comportant chacune un certain nombre de coups, les uns à charge réduite et à charge normale, les autres à surcharge, dans les conditions fixées par les cahiers des charges spéciales.

ARTICLE 4. — Essais avant trempe.

Les essais avant trempe sont obligatoires.

Les rondelles prélevées sur les éléments pour les essais avant trempe exécutés dans les usines du fournisseur sont dénommées :

Rondelle n° 1, pour celle détachée vers l'arrière de l'élément;

Rondelle H n° 1, pour celle détachée vers l'avant de l'élément.

Chaque rondelle pour essai avant trempe fournira trois barreaux de traction de $13^{mm},8$, ayant 100^{mm} de longueur entre repères.

Dans le cas où les dimensions des rondelles ne permettraient pas le prélèvement de barreaux de cette dimension, il sera prélevé des barreaux géométriquement semblables, de $9^{mm},8$ de diamètre et de 70^{mm} de longueur entre repères.

Les tracés annexés aux cahiers des charges spéciales relatifs à chaque calibre indiqueront l'épaisseur des rondelles, ainsi que les dimensions et la disposition des éprouvettes à prélever.

La charge de rupture moyenne avant trempe des barreaux provenant, soit de la rondelle n° 1, soit de la rondelle H n° 1, doit toujours être inférieure de 5 kilogrammes au moins à la charge de rupture moyenne fournie ultérieurement par les barreaux des essais après trempe provenant du même côté de l'élément.

La limite élastique et l'allongement pour cent pour chaque barreau doivent être indiqués à titre de renseignement.

Les cahiers des charges spécifient, le cas échéant, si les essais avant trempe doivent être répétés par les soins de l'établissement destinataire.

Dans le cas de l'affirmative, les rondelles destinées à leur exécution sont dénommées :

Rondelle n° 2 pour celle détachée vers l'arrière de l'élément;

Rondelle H n° 2 pour celle détachée vers l'avant de l'élément.

Les résultats des essais avant trempe exécutés à l'établissement destinataire sont communiqués au service des forges.

ARTICLE 5. — **Essais de traction et essais de ployage ou de choc après trempe.**

§ 1. — EXÉCUTION DES ESSAIS.

Les résultats des essais de traction et des essais de ployage ou de choc après trempe exécutés à l'usine du fournisseur sont notés à titre de renseignement; les essais effectués à l'établissement destinataire entrent seuls en ligne de compte pour faire prononcer l'acceptation, l'ajournement ou le rebut des éléments.

Les rondelles destinées à fournir les éprouvettes d'essai après trempe :

1° Dans les usines du fournisseur, sont les rondelles T n° 1 et TH n° 1;

2° A l'établissement destinataire, sont les rondelles T n° 2 et TH n° 2.

Chaque rondelle pour essais après trempe fournira :

1° Deux barreaux de traction de $13^{mm}.8$, ayant 100^{mm} de longueur entre repères;

2° Soit deux lamettes de ployage de 70^{mm} de longueur, 24^{mm} de largeur et 9^{mm} d'épaisseur, soit deux barreaux de choc carrés de 20^{mm} de côté et 180^{mm} de longueur.

Dans le cas exceptionnel où les dimensions des rondelles ne permettraient pas le prélèvement des barreaux de traction mentionnés ci-dessus, il sera prélevé des barreaux géométriquement semblables de $9^{mm},8$ de diamètre et de 70^{mm} de longueur entre repères.

Les tracés annexés aux cahiers des charges spéciales relatifs à chaque calibre indiquent le genre d'éprouvettes à prélever, leur nombre, leurs dimensions, ainsi que leur disposition dans les rondelles.

Lorsque le tube aura été dégrossi aux cotes du dessin, trempé et recuit, l'usine détachera à l'arrière les rondelles T n° 1 et T n° 2, puis à l'avant les rondelles TH n° 1 et TH n° 2.

Les éprouvettes d'essai fournies par les rondelles T n° 1 et TH n° 1 seront essayées à l'usine et les résultats seront consignés à titre de renseignement sur la feuille d'essai.

Les rondelles T n° 2 et TH n° 2 poinçonnées par le contrôle local du service des forges seront envoyées à l'établissement destinataire, les éprouvettes d'essai qu'elles fourniront seront essayées avec les machines de cet établissement et la réception ou l'ajournement seront prononcés d'après les résultats obtenus à cet établissement.

1° Essais de traction.

a) Les barreaux d'une même rondelle devront donner en moyenne :

$$E \geqslant 40 \qquad R \geqslant 65 \qquad A \% \geqslant 12$$

et les résultats minima à obtenir pour chaque barreau de traction individuellement seront :

$$E \geqslant 37 \qquad R \geqslant 62 \qquad A \% \geqslant 10;$$

b) Aucun des barreaux de traction, d'avant ou d'arrière, ne devra se rompre avant que le diamètre de la section de rupture ait pris une striction de 2 millimètres pour les barreaux de $13^{mm},8$ de diamètre et de $1^{mm},5$ pour les barreaux de $9^{mm},8$ de diamètre.

Ces strictions correspondent à une contraction de 15 p. 100 environ du diamètre initial.

2° Essais de ployage.

Les lamettes de ployage sont prélevées de champ dans les rondelles comme l'indiquent les tracés joints aux cahiers des charges spéciales.

Pour chaque rondelle, les lamettes devront supporter en moyenne 12 coups de mouton sans se rompre et 10 coups individuellement et l'angle de ployage mesuré après rupture sera au maximum de 120°.

3° Essais de choc.

Pour chacun des barreaux essayés, la rupture ne doit pas se produire avant le 15ᵉ coup de mouton.

- L'épreuve sera prolongée ensuite, à titre de renseignement, jusqu'à ce que le barreau ait pris la flèche maximum permise par l'enclume ou se soit rompu.

On notera la flèche après le 15ᵉ coup et le nombre de coups qui aura été nécessaire pour atteindre, suivant le cas, soit la flèche maximum permise par l'enclume, soit la rupture.

Les résultats des essais après trempe seront interprétés dans les conditions prescrites au paragraphe ci-dessous.

§ 2. — INTERPRÉTATION DES ESSAIS.

Le tube est reçu après trempe si toutes les éprouvettes essayées à l'établissement destinataire ont satisfait aux conditions prescrites à titre individuel et si, en outre, la moyenne des résultats fournis par les barreaux de traction provenant d'une même rondelle se trouve dans les limites imposées.

Si une des deux rondelles n° 2, ou toutes les deux ne satisfont pas, soit aux essais de traction, soit aux essais de ployage ou de choc, le fournisseur peut détacher, suivant le cas et sans que l'état de l'élément soit en rien modifié, soit une rondelle n° 3, soit une rondelle TH n° 3, soit un jeu de rondelles n° 3 et TH n° 3, avec lesquelles les essais sont recommencés dans les mêmes conditions qu'avec les rondelles T n° 2 et TH n° 2.

A la suite de ce deuxième essai, l'élément est reçu après trempe si, pour les rondelles T d'une part et pour les rondelles TH d'autre part, la moyenne des résultats obtenus à l'établissement destinataire avec tous les barreaux de traction satisfait aux conditions imposées, et si le nombre des lamettes de ployage ou des barreaux de choc ayant satisfait aux épreuves est, pour les rondelles provenant d'une même extrémité de l'élément, supérieur à la moitié du nombre des éprouvettes essayées.

Si ce résultat n'est pas obtenu, le fournisseur peut présenter à nouveau, suivant le cas, soit une rondelle T n° 4, soit une rondelle TH n° 4, soit un jeu de rondelles T n° 4 et TH n° 4.

L'élément est reçu à la suite de ce troisième essai, dans les conditions spécifiées ci-dessus pour le deuxième essai.

S'il ne satisfait pas à ces conditions, il est définitivement rebuté.

On ne tient pas compte des éprouvettes présentant des défauts locaux, pourvu que leur nombre soit inférieur à la moitié du nombre total des éprouvettes essayées.

Toutefois, l'appréciation de la nature et de la gravité des défauts locaux est entièrement laissée à la commission de réception de l'établissement destinataire.

§ 3. — REMANIEMENT DES ÉLÉMENTS.

Le maître de forges n'aura droit, après trempe, qu'aux trois essais spécifiés pour les jeux de rondelles nᵒˢ 2, 3 et 4.

Toutefois, lorsque l'essai des rondelles T nᵒ 2 et TH nᵒ 2 accuse un degré de dureté légèrement en dehors des limites imposées et que l'examen de la cassure des diverses éprouvettes indique que le métal est sain et homogène, la commission de réception peut autoriser le fournisseur à procéder, soit à un nouveau recuit de l'élément, soit à une nouvelle trempe suivie d'un revenu.

Tous les essais antérieurs sont annulés; mais il faut, après avoir fait tomber une rondelle de chaque bout, qu'on puisse détacher ensuite un jeu de rondelles T nᵒ 3 et TH nᵒ 3, qui sont essayées dans les conditions indiquées au paragraphe 2 du présent article pour les rondelles T nᵒ 2 et TH nᵒ 2.

En cas d'insuffisance de ces essais, on peut encore détacher, suivant le cas, soit une rondelle T nᵒ 4, soit une rondelle TH nᵒ 4, soit un jeu de rondelles T nᵒ 4 et TH nᵒ 4.

Les essais exécutés à l'aide de ces rondelles sont alors interprétés, comme il est dit au paragraphe 2 du présent article, pour les essais exécutés à l'aide des rondelles T nᵒ 3 et TH nᵒ 3.

ARTICLE 6. — **Épreuve à la poudre.**

Lorsque, à un moment quelconque de l'usinage des tubes, quelque indice vient à faire naître des doutes sur la qualité ou l'homogénéité d'un tube, les régions douteuses sont soumises à une épreuve à la poudre faisant travailler le métal aux deux tiers de la limite élastique relevés aux essais après trempe.

Cette épreuve est exécutée par les soins de la commission de réception et aux frais de l'Etat.

En chaque point douteux, il est tiré deux coups à la même charge.

La charge confectionnée en poudre MC 30 est placée entre

deux boulets cylindriques ayant le poids du projectile le plus lourd que doit tirer le canon fabriqué.

Ces boulets sont munis chacun de deux ceintures dont le diamètre est inférieur de $0^{mm},1$ à $0^{mm},2$ au diamètre du tube, ce dernier ayant d'ailleurs été rendu cylindrique d'une extrémité à l'autre.

L'un des boulets est percé d'un canal de $5^{mm},6$ de diamètre pour la mise de feu.

Les pressions développées sont mesurées au moyen d'appareils crushers en vrac, et une tolérance de 5 p. 100 en plus et de 10 p. 100 en moins est admise par rapport à la pression théorique calculée.

Les régions soumises à l'épreuve sont visitées à l'étoile mobile, avant et après le tir.

A l'issue de l'épreuve, on ne doit pas constater de gonflement et la différence entre les deux mesures correspondant à un même point ne doit pas être supérieure à la tolérance de l'instrument.

Si, par comparaison des mesures correspondantes, la commission de réception est amenée à supposer qu'un gonflement s'est produit, l'épreuve est recommencée.

Les tubes pour lesquels l'épreuve à la poudre révèle des gonflements ou des défauts de métal sont rebutés.

L'appréciation de la gravité de ces défauts appartient à la commission de réception.

Annexe n° 2 du 17 août 1922 relative à la fourniture, au service de l'artillerie, de manchons, frettes, ébauchés de glissière et blocs de culasse, pour matériels de divers calibres.

Les éléments de canons (manchons, frettes, ébauchés de glissière, blocs de culasse) seront fournis conformément aux conditions du cahier des charges communes du 11 août 1922, relatif à la fourniture, au service de l'artillerie, des éléments de bouche à feu (aciers à canons), sauf les additions ou modifications suivantes :

TITRE I.

Manchons et frettes.

ARTICLE 1er. — Conditions de fabrication.

Les manchons et frettes peuvent être fabriqués soit par forgeage plein, soit par forgeage sur mandrin, soit par étirage et poinçonnage.

a) Eléments forgés pleins ou sur mandrin.

Il pourra être pris un ou plusieurs éléments par lingot.

La section droite de la partie utilisée du lingot sera au minimum deux fois plus grande que la section du bloc brut de forge avant usinage.

b) Eléments obtenus par poinçonnage.

Le mode opératoire indiqué ci-après pourra être employé :

1° Emploi du lingot individuel;

2° Etirage du lingot devant donner un corroyage minimum de 1,5;

3° Poinçonnage et tréfilage.

ARTICLE 2. — Essais après trempe.

Il sera effectué un essai par lingot.

Cet essai sera effectué sur une rondelle détachée de l'extrémité supérieure du dernier manchon, ou de la dernière frette, du côté de la tête du lingot.

La rondelle sera détachée lorsque l'élément aura été foré, dégrossi, aux cotes du dessin, trempé et recuit.

Chaque rondelle pour un essai après trempe fournira :

1° 2 barreaux de traction de $13^{mm},8$ ayant 100^{mm} de longueur entre repères;

2° Et, soit 2 lamettes de ployage de 70^{mm} de longueur, 24^{mm} de largeur et 9^{mm} d'épaisseur,

- soit 2 barreaux de choc carrés de 20^{mm} de côté et de 180^{mm} de longueur.

Dans le cas exceptionnel où les dimensions des rondelles ne permettraient pas le prélèvement des barreaux de traction mentionnés ci-dessus, il sera prélevé des barreaux géométriquement semblables de $9^{mm},8$ de diamètre et de 70^{mm} de longueur entre repères.

Les cahiers des charges spéciales indiquent s'il est prélevé des lamettes de ployage ou des barreaux de choc.

Les tracés annexés aux cahiers des charges spéciales indiquent le genre d'éprouvettes à prélever, leurs dimensions, ainsi que leur disposition dans les rondelles.

Les barreaux fournis par les rondelles sont essayés en usine par les soins du contrôle du service des forges, et les résultats sont consignés sur la feuille d'essais.

Le service des forges prononcera l'ajournement, la réception provisoire ou le rebut, d'après l'ensemble des résultats consignés sur la feuille d'essais.

1° Essais de traction.

Les barreaux d'une même rondelle devront donner en moyenne :

$$E \geqslant 40 \text{ kg.} \quad R \geqslant 65 \text{ kg.} \quad A \% \geqslant 12$$

et les résultats minima à obtenir pour chaque barreau de traction individuellement sont :

$$E \geqslant 37 \text{ kg.} \quad R \geqslant 62 \text{ kg.} \quad A \% \geqslant 10.$$

Toutefois, le diamètre de la section de rupture des barreaux donnant

$$10 \leqslant A \% < 12$$

devra avoir pris une striction $\geqslant 1^{mm},7$ pour les barreaux de

13^{mm},8 de diamètre et $\geqslant$ 1^{mm},2 pour les barreaux de 9^{mm},8 de diamètre.

Sauf ce cas particulier, la striction sera mesurée à titre de renseignement, ainsi qu'il est prévu au cahier des charges générales (article 5).

2° Essais de ployage.

Les lamettes de ployage sont essayées dans les conditions prescrites par le cahier des charges générales du 30 septembre 1921.

Les lamettes de ployage doivent supporter en moyenne 12 coups de mouton sans se rompre et 10 coups individuellement.

3° Essais de choc.

Les barreaux de choc sont essayés dans les conditions prescrites par le cahier des charges générales du 30 septembre 1921.

Pour chacun des barreaux essayés, la rupture ne devra pas se produire avant le 15e coup de mouton.

L'épreuve sera prolongée ensuite à titre de renseignement jusqu'à ce que le barreau ait pris la flèche maximum permise par l'enclume ou se soit rompu.

On notera la flèche après le 15e coup de mouton et le nombre de coups qui aura été nécessaire pour atteindre, suivant le cas, soit la flèche maximum permise par l'enclume, soit la rupture.

Les résultats des essais après trempe sont interprétés dans les conditions prescrites par l'article 5 du cahier des charges générales du 30 septembre 1921.

Cas particulier des manchons pour canons de 75 modèle 1897.

Il est effectué une série d'essais individuels par manchon.

Il est prélevé, à cet effet, une rondelle à l'arrière et une rondelle à l'avant du manchon.

Chaque rondelle fournira deux barreaux de traction et deux lamettes de ployage.

TITRE II.

Ebauchés de glissières.

ARTICLE 3. — **Conditions de fabrication.**

Les ébauchés de glissières sont en acier provenant d'un mode quelconque de fabrication, forgés et recuits après forgeage à la température du rouge cerise ou à une température supérieure.

Ils sont trempés et revenus au rouge sombre ou à une température supérieure.

Pour les éléments fabriqués en acier au creuset, la trempe est facultative, mais les conditions de réception de la pièce finie sont, en tout cas, celles qui sont mentionnées à l'article 5 ci-après, relatif aux essais après trempe.

Après leur réception provisoire, prononcée à la suite des essais après trempe, les éléments sont terminés d'usinage conformément aux tracés annexés au cahier des charges spéciales.

Le coefficient de corroyage sera au moins égal à 3.

On entend par coefficient de corroyage le rapport de la section moyenne de la partie utilisée du lingot brut de coulée, mesurée perpendiculairement au grand axe du lingot, à ce qu'est devenue cette section dans l'élément fini de forge.

Quel que soit le procédé de forgeage employé, les blocs devront être obtenus de façon que la direction de leur grand axe soit parallèle à la direction du grand axe du lingot primitif.

ARTICLE 4. — **Surveillance de la fabrication et réception.**

La surveillance de la fabrication est assurée et les réceptions sont prononcées dans les conditions fixées par le cahier des charges générales du 30 septembre 1921.

Après que leur réception aura été prononcée, les glissières seront achevées d'usinage à l'établissement destinataire.

Le rebut d'un ébauché pourra encore être prononcé si l'usinage fait découvrir des pailles, criques, soufflures ou tout autre défaut, soit rendant l'usinage impraticable, soit pouvant nuire à la solidité ou au bon emploi du métal.

Il pourra l'être également si la dureté du métal au travail est telle que l'usinage ne puisse être fait avec la précision nécessaire.

La gravité de ces défauts est entièrement laissée à l'appréciation de la commission de réception de l'établissement destinataire.

ARTICLE 5. — **Essais après trempe.**

Il sera effectué une série d'essais après trempe par glissière.

Il sera prélevé, à cet effet, une rondelle à l'avant et une rondelle à l'arrière de l'élément.

Chaque rondelle fournira :

1° Des barreaux de traction;

2° Soit des lamettes de ployage, soit des barreaux de choc.

Les barreaux de traction auront $13^{mm},8$ de diamètre et 100^{mm} de longueur entre repères.

Les lamettes de ployage auront 70^{mm} de longueur, 24^{mm} de largeur et 9^{mm} d'épaisseur.

Les barreaux de choc seront carrés; ils auront 20^{mm} de côté et 180^{mm} de longueur.

Les cahiers des charges spéciales indiquent s'il est prélevé des lamettes de ployage ou des barreaux de choc.

Les tracés annexés aux cahiers des charges spéciales indiquent le genre d'éprouvettes à prélever, leur nombre, leurs dimensions, ainsi que leur disposition dans les rondelles.

I° Essais de traction.

Les barreaux d'une même rondelle devront donner les résultats suivants :

$$E \geqslant 35 \text{ kg.}$$
$$85 \text{ kg.} \geqslant R \geqslant 65 \text{ kg.} \qquad \text{Conditions moyennes.}$$
$$A \,^o/_o \geqslant 12 \text{ kg.}$$

$$\text{et} \quad E \geqslant 30 \text{ kg.}$$
$$R \geqslant 62 \text{ kg.} \qquad \text{Conditions individuelles.}$$
$$A \,^o/_o \geqslant 10 \text{ kg.}$$

Le chiffre d'allongement sera réduit de 2 unités lorsque la striction sera égale ou supérieure à 2^{mm}.

2° Essais de ployage.

Les lamettes de ployage devront résister individuellement à 9 coups de mouton.

L'appareil employé a les dimensions principales suivantes :

Poids du mouton = 10 kilogrammes.

Poids de l'étau mobile où est fixée la lamette = 180 kilogrammes environ.

Hauteur de chute du mouton = 0^m,50.

3° Essais de choc.

Pour chacun des barreaux essayés, la rupture ne devra pas se produire avant le 15e coup de mouton.

On notera la flèche après le 15e coup et le nombre de coups qui aura été nécessaire pour atteindre, selon le cas, soit la flèche maximum permise par l'enclume, soit la rupture.

L'élément est reçu après trempe si les barreaux de traction et les lamettes de ployage où les barreaux de choc ont satisfait aux conditions prescrites à titre individuel et si, en outre, la moyenne des résultats fournis par les barreaux de traction provenant d'une même rondelle se trouve dans les limites imposées :

Dans le cas contraire, il est rebuté.

Toutefois, si l'élément présente une longueur suffisante, un ou deux remaniements et un ou deux contre-essais sans remaniement peuvent être autorisés par le contrôle du service des forges.

En cas de remaniement, comme en cas de contre-essai, les essais précédents sont considérés comme annulés.

Chaque essai est effectué, comme pour l'essai primitif, sur deux rondelles prélevées aux deux extrémités de l'élément.

TITRE III.

Blocs de culasse.

ARTICLE 6. — **Essais après trempe.**

Les blocs de culasse sont trempés après ébauchage suivant les tracés joints au cahier des charges spéciales.

Ils seront présentés en recette par lots de 25 pièces au maximum provenant de la même coulée.

Il sera prélevé pour essai un bloc de culasse par lot.

A cet effet, on découpera, à une extrémité du bloc d'essai, une rondelle de 26^{mm} d'épaisseur.

Cette rondelle fournira :

1° 2 barreaux de traction de 13^{mm},8 et de 100^{mm} de longueur entre repères.

2° 2 barreaux de choc carrés de 20^{mm} de côté.

Dans le cas exceptionnel où les dimensions des rondelles ne permettraient pas le prélèvement des barreaux de traction mentionnés ci-dessus, il sera prélevé des barreaux géométriquement semblables de 9^{mm},8 de diamètre et de 70^{mm} de longueur entre repères.

Les tracés joints au cahier des charges spéciales indiquent le genre d'éprouvettes à prélever, leurs dimensions, ainsi que leur disposition dans la rondelle.

§ 1. — ESSAIS DE TRACTION.

Les barreaux de traction devront donner en moyenne :

$$E \geqslant 40 \text{ kg.} \qquad R \geqslant 65 \text{ kg.} \qquad A \% \geqslant 12.$$

§ 2. — ESSAIS DE CHOC.

Chacun des barreaux de choc devra supporter 15 coups de mouton avant de se rompre.

Si les résultats mentionnés ci-dessus sont obtenus, le lot est reçu.

Si les résultats d'essai sont insuffisants, il pourra être effectué, au choix du fournisseur, soit un contre-essai, soit un remaniement.

Dans les deux cas, de nouveaux essais de traction et de choc seront effectués sur une nouvelle pièce prélevée au hasard sur le lot.

Il ne sera pas tenu compte des résultats fournis par les barreaux essayés antérieurement.

Si les résultats des nouveaux essais sont satisfaisants, le lot est reçu; dans le cas contraire, il est définitivement rebuté.

Imprimerie militaire
CHARLES-LAVAUZELLE ET Cie
PARIS ET LIMOGES